SUCESSO NO MARKETING

A Editora Nobel tem como objetivo publicar obras com qualidade editorial e gráfica, consistência de informações, confiabilidade de tradução, clareza de texto, e impressão, acabamento e papel adequados.
Para que você, nosso leitor, possa expressar suas sugestões, dúvidas, críticas e eventuais reclamações, a Nobel mantém aberto um canal de comunicação.

Entre em contato com:
CENTRAL DE ATENDIMENTO AO CONSUMIDOR
R. Pedroso Alvarenga, 1046 - 9º andar – 04531-004 - São Paulo - SP
Fone: (11) 3706-1466 – Fax: (11) 3706-1462
www.editoranobel.com.br
E-mail: ednobel@editoranobel.com.br

Caro leitor, se você quiser sugerir outros títulos que poderiam fazer parte desta inovadora coleção, ou se você escreveu algum livro que gostaria de publicar – que seja particularmente interessante para a sua empresa ou para o público em geral – entre em contato com a Editora Nobel pelo e-mail: *ednobel@editoranobel.com.br*

Mike Levy

Sucesso em 1 hora

SUCESSO NO MARKETING

Tradução de
Dinah de Abreu Azevedo

Publicado originalmente sob o título
Successful marketing
com autorização de David Grant Publishing Ltd.,
por intermédio de The Susie Adams Rights Agency, UK.
© 1998 de David Grant Publishing Ltd.
Direitos desta edição reservados à
AMPUB Comercial Ltda.
(Nobel é um selo editorial da AMPUB Comercial Ltda.)
Rua Pedroso Alvarenga, 1046 – 9º andar – 04531-004 – São Paulo – SP
Fone: (11) 3706-1466 – Fax: (11) 3706-1462
www.editoranobel.com.br
E-mail: ednobel@editoranobel.com.br

Supervisão editorial: Mirna Gleich
Coordenadora da edição: Maria Elisa Bifano
Assistente editorial: Adriana Teixeira
Revisão: Regina Colonéri e Maria Aparecida Amaral
Capa: Vivian Valli
Composição: AGA Estúdio
Impressão: PROL Editora Gráfica Ltda.
Publicado em 2004

Dados Internacionais de Catalogação na Publicação (CIP)
(Câmara Brasileira do Livro, SP, Brasil)

Levy, Mike, 1949.
  Sucesso no marketing / Mike Levy ; tradução de Dinah de Abreu Azevedo. – São Paulo : Nobel, 2002. – (Sucesso em 1 hora)

  Título original: Successful marketing
  ISBN 85-213-1202-4

  1. Marketing 2. Relações públicas I. Título. II. Série.

02-0432   CDD-658.8

Índice para catálogo sistemático
1. Marketing : Administração de empresas 658.8

É PROIBIDA A REPRODUÇÃO

Nenhuma parte desta obra poderá ser reproduzida, copiada, transcrita ou mesmo transmitida por meios eletrônicos ou gravações, sem a permissão, por escrito, do editor. Os infratores serão punidos pela Lei nº 9.610/98.

Impresso no Brasil/*Printed in Brazil*

Seja Bem-vindo

Sobre o nosso livro

Você pode aprender a dominar o marketing em 60 minutos? A resposta é simples: "SIM". Este livro apresenta todas as questões-chave e oferece o mapa da mina para o marketing de qualquer coisa! Esta série foi escrita para pessoas que não têm tempo nem paciência para a conversa-fiada dos livros técnicos carregados de jargão da primeira à última página. Como todos os títulos da coleção, *Sucesso no marketing* foi escrito com a convicção de que você pode aprender rápida e facilmente tudo o que precisa de fato saber. O objetivo é apresentar as dicas essenciais que podem ser postas em prática imediatamente.

Como usar este livro

"Não tem problema se você quiser só folhear o livro." Sinta-se à vontade para passar os olhos nele em busca da informação de que mais precisa. Este livro é uma coletânea de dicas práticas para ajudar a localizar qualquer ponto fraco seu e mostrar-lhe como transformá-lo num ponto forte. Você **pode** se tornar o sucesso de marketing que sempre quis ser.

Sucesso no marketing foi escrito para lhe dar um banho de informações. Você não é obrigado a lê-lo inteirinho de uma só vez, nem seguir todas as dicas ao pé da letra. Se estiver muito pressionado por falta de tempo, pode saltar para as partes que mais o interessam utilizando as chamadas das páginas. Elas resumem todos os pontos discutidos, levando-o a pensar a respeito de uma questão e depois apresentando possibilidades de ação que são esmiuçadas com listas de dicas práticas para mantê-lo no caminho certo.

Sobre a coleção

Esta coleção destina-se a pessoas que não têm tempo nem paciência para ler páginas e páginas de jargões e palavrório confuso. Como todos os livros da série, *Sucesso no Marketing* foi escrito com a convicção de que você pode aprender rapidamente tudo o que precisa de fato saber e sem problemas. O objetivo é extrair conselhos essenciais e práticos que você possa usar de imediato.

Você notará no livro inteiro o uso de caixas de texto como as que mostramos abaixo:

> **E VOCÊ?**
> Significa: "Pense a respeito". Esta caixa elabora um cenário, identifica alguns problemas e estimula-o a pensar em situações que irá instantaneamente reconhecer como familiares.

> **AÇÃO!**
> Seu problema foi diagnosticado. Esta caixa lhe dará algumas idéias para um plano de ação. Ela o ajudará a mudar padrões de comportamento de forma positiva.

> **DICAS**
> Esta caixa aparece no final de cada capítulo. São listas que resumem todos os conselhos dados naquele capítulo. Outras caixas como esta vão também aparecer no corpo dos capítulos. Elas estão cheias de dicas precisosas.

À medida que avançar a leitura, você vai encontrar muitas dicas e conselhos práticos de como utilizar bem o seu tempo com uma organização eficiente de trabalho.

Experimente ir direto para alguma caixa de texto: ela o incentivará a pensar em algum problema específico ou a tomar alguma atitude; ela lhe dará idéias. Se estiver pressionado pelo tempo, pule direto para as dicas do final de cada capítulo.

Os resumos das dicas de cada capítulo serão úteis também no futuro, quando você quiser localizar algum assunto específico.

Boa sorte.

Sumário

Capítulo 1: O que é marketing?   9
Acabe com os mitos do marketing
O que envolve o marketing?
Assuma o controle
O marketing do marketing

Capítulo 2: Quem são seus clientes e onde eles estão?   15
Conheça seus clientes
Foco no cliente
Identifique seus clientes
A segmentação do mercado

Capítulo 3: O que seus clientes desejam?   20
A pesquisa de mercado
Onde conseguir informações
Auditoria interna
Auditoria externa – (PEST)
Pesquisa primária
Analise suas descobertas

Capítulo 4: O produto e o preço   30
O que o *mix de marketing* tem a ver comigo?
A tomada de decisões sobre seu PRODUTO
Identifique seu produto e sua capacidade
Harmonize as necessidades de seus clientes com sua capacidade
Seu produto agora e no futuro
O ciclo de vida do produto
Como determinar o PREÇO
Como deixar os produtos menos sensíveis ao preço
Posicionamento
Proposição única de venda

Capítulo 5: Ponto de venda e promoção   **44**
O PONTO DE VENDA certo e o momento
certo para seu produto
As decisões relativas ao ponto de venda
PROMOÇÃO: como fazer com que seu produto seja notado
Quais são os recursos promocionais à sua disposição?
Dicas sobre o uso de recursos promocionais
Como administrar suas relações públicas (RP)
Planejamento da promoção

**Capítulo 6: Mala direta – o que você deve
e não deve fazer**   **52**
Os prós e contras da mala direta
Compreenda o mercado
Estabeleça seus objetivos
Listas de endereços

Capítulo 7: Aposte no telemarketing   **59**
Cinco boas razões para vender por telefone
Um toque de confiança
Como marcar uma entrevista
O que dizer e fazer
Uma palavrinha sobre o fax e a Internet

Agradecimentos

Meus sinceros agradecimentos a Mike Ramsay, diretor da Direct Marketing Concepts Ltd, por sua ajuda na preparação deste livro.

Capítulo 1 O Que é Marketing?

O que há neste capítulo para você
- Acabe com os mitos do marketing
- Qual é realmente a esfera de atividades do marketing?
- Assuma o controle
- O marketing do marketing

Acabe com os mitos do marketing

Poucos setores do ramo dos negócios são tão malvistos quanto o marketing. De certa forma, a culpa é da "imagem" dos profissionais do ramo, com suas vistosas roupas de marca, escritórios espetaculares e jargão da área, recursos que usam para se promover. Esqueça-os. O que você precisa entender é que o marketing é essencial para sobrevivência e crescimento – é uma ferramenta que você pode aprender a usar facilmente.

"*Pressupondo que o produto seja bom, 99% do sucesso de uma empresa depende do marketing. Você pode ter a melhor idéia, o melhor produto ou o melhor serviço do mundo – mas, sem clientes, não tem futuro.*"

Simon Wells, *self-made man* e milionário do ramo de comércio de móveis

Simon compreende o valor e a importância da função do marketing. Marketing é a chave do **lucro** e da **sobrevivência!**

E VOCÊ?

Você tem impressões negativas a respeito do marketing? Se tiver, aposto que não é capaz de se lembrar de nenhuma empresa de sucesso que não esteja inteiramente envolvida com o marketing de seus produtos e serviços. Por que isso, então?

O marketing é uma função essencial em qualquer empresa – e quanto maior seu êxito nela, tanto mais seus negócios vão prosperar.

Aqui estão algumas verdades básicas a respeito de marketing:

1. Marketing é para todas as empresas – grandes e pequenas

O marketing se ocupa de clientes – o sangue vital de toda companhia, de escolas a usinas siderúrgicas, de companhias de limpeza de janelas a bancos mercantis.

2. Uma empresa não sobrevive às pressões da concorrência do século XXI sem uma estratégia de marketing adequada

Os tempos estão ficando mais difíceis e os mercados estão crescendo. Você precisa fazer com que sua mensagem chegue a todos os lugares.

"Fazer marketing hoje em dia é como tentar fazer um discurso ao público numa final da Copa do Mundo."

Dee Coles, diretor de faculdade

3. Marketing é muito mais do que apenas fazer publicidade

A publicidade é uma das armas do arsenal do profissional de marketing – mas está longe de ser a única, e nem sempre é a mais eficaz.

4. Você pode se dar ao luxo de criar sua estratégia de marketing

Ou, melhor dizendo, você não pode se dar ao luxo de **não** criar sua estratégia de marketing!

"O meu marketing é inteiramente gratuito. Trabalho com a publicidade boca-a-boca, com um cartaz atraente do lado de fora de meu escritório e com um bocado de entrevistas na rádio local."

Barry Foster, consultor de administração de energia

5. O marketing pode ser simples

Você não precisa ser um especialista, nem gastar montes de seu precioso dinheiro com consultoria. Depois de ler este livro, já estará a caminho de melhorar o perfil de sua empresa no mercado.

"O pessoal do marketing quer nos fazer acreditar que tudo é uma ciência exata. Na verdade, marketing significa apenas prestar mais atenção ao cliente – ouvi-lo é tudo quanto você precisa fazer."

Julia Fender, dona de uma loja de armarinhos

6. Marketing não é simplesmente uma tarefa do outro – é sua também

O sucesso do marketing e o sucesso da empresa andam de mãos dadas. Como o marketing corresponde basicamente a manter os clientes satisfeitos, segue-se daí que todos os que trabalham na empresa têm um papel a desempenhar – recepcionistas carrancudas, material de promoção desleixado e produto de má qualidade certamente não lhe granjearão novos clientes, nem ajudarão a manter os que você já tem. O marketing é algo com que você mesmo tem de se envolver, seja qual for a sua função dentro da empresa.

> **E VOCÊ?**
> Concorda com esta última afirmação? Sempre se aplica a seu caso?

"Somos três sócios e sempre achei que o marketing era responsabilidade de Sally. Nós a encarregamos de promover a empresa, lidar com a publicidade e pensar em novas formas de conseguir mais clientes. Quando Sally foi embora, Bob e eu entramos em pânico. O que sabíamos realmente sobre marketing? Mas, depois de pensar bem, percebemos que vínhamos fazendo marketing há anos – indo a festas de clientes, conversando com apresentadores, vendendo novos serviços aos clientes que já tínhamos..."

Graham David, contador

> **AÇÃO!**
> Pelo que você já leu, qual sua atitude agora em relação ao marketing? O que você faz atualmente que pode ser classificado como "marketing"? De que maneira poderia melhorar o que já faz bem?

O que envolve o marketing?

O marketing envolve tudo o que ajuda a deixar seus clientes mais satisfeitos. Lembre-se:

Clientes insatisfeitos = falta de negócios
... não existe máxima mais verdadeira

A satisfação do cliente só é conseguida quando eles conseguem o que querem, no local certo e pelo preço que estão dispostos a pagar. Qualquer pessoa que trabalhe em sua empresa e ajude nesse processo está envolvida com o marketing.

Você vai ver, então, que marketing tem a ver com tudo: o Produto ou serviço que você vende; o Preço do produto ou serviço; a Promoção do produto (comunicação) e o Ponto de venda (distribuição do produto). Esses itens podem ser resumidos pela sigla PPPP, ou os 4 Ps do marketing. Vamos falar mais sobre isso depois.

> **E VOCÊ?**
> Você introduziu alguma novidade no produto que vende, no seu preço, no seu ponto de venda, na maneira de fazer com que o mundo fique sabendo de sua existência? Se a resposta for "sim", você já está envolvido com o marketing.

Se você tem uma empresa, talvez já seja um marqueteiro dos bons – embora talvez não saiba disso!

É só lembrar que: *Marketing é o processo criativo de satisfazer as necessidades do cliente de maneira lucrativa e eficiente.*

Assuma o controle

Agora você já deve estar convencido de que o marketing faz realmente parte de suas atribuições. Você também sabe que a atenção com o cliente e a satisfação dele se tornaram a pedra fundamental da empresa de sucesso nesta década. As empresas que se voltam para o cliente são as que têm mais chances de dar certo, e é aqui que entra o marketing.

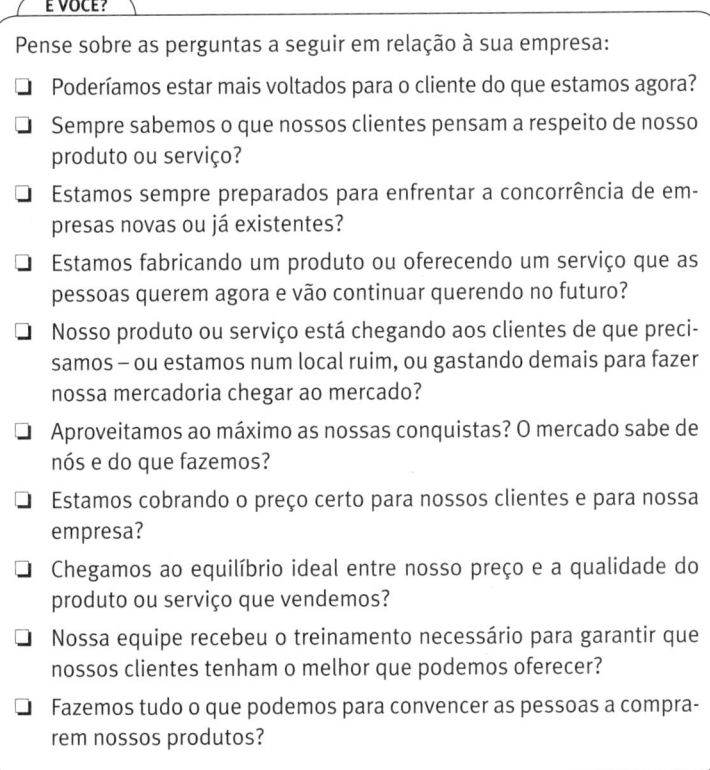

E VOCÊ?

Pense sobre as perguntas a seguir em relação à sua empresa:
- ❑ Poderíamos estar mais voltados para o cliente do que estamos agora?
- ❑ Sempre sabemos o que nossos clientes pensam a respeito de nosso produto ou serviço?
- ❑ Estamos sempre preparados para enfrentar a concorrência de empresas novas ou já existentes?
- ❑ Estamos fabricando um produto ou oferecendo um serviço que as pessoas querem agora e vão continuar querendo no futuro?
- ❑ Nosso produto ou serviço está chegando aos clientes de que precisamos – ou estamos num local ruim, ou gastando demais para fazer nossa mercadoria chegar ao mercado?
- ❑ Aproveitamos ao máximo as nossas conquistas? O mercado sabe de nós e do que fazemos?
- ❑ Estamos cobrando o preço certo para nossos clientes e para nossa empresa?
- ❑ Chegamos ao equilíbrio ideal entre nosso preço e a qualidade do produto ou serviço que vendemos?
- ❑ Nossa equipe recebeu o treinamento necessário para garantir que nossos clientes tenham o melhor que podemos oferecer?
- ❑ Fazemos tudo o que podemos para convencer as pessoas a comprarem nossos produtos?

Cada uma dessas perguntas é uma pergunta relativa ao marketing. Se qualquer delas for um problema para sua empresa, você precisa tomar providências – já!

O marketing do marketing

"Transformei completamente a minha empresa ao criar uma companhia que girava em torno do "marketing em primeiro lugar". Mas só consegui isso depois de convencer meus colegas da importância crucial do marketing."
Hamid Sarawi, presidente de uma corretora de títulos e ações

Se você precisar "vender" os benefícios do marketing a outras pessoas (e até para si mesmo), aqui estão alguns argumentos muito bons. O marketing ajuda

- você a superar a redução dos mercados tradicionais
- sua empresa ou associação a sobreviver e prosperar
- a gerar novos negócios
- a consolidar os negócios existentes
- a mantê-lo na vanguarda, tanto em relação a seus clientes quanto à concorrência.

> **DICAS**
>
> Maneiras fáceis de "entrar no clima do marketing"
> 1. Comece a pensar no marketing como um "lucro potencial" – a motivação suprema.
> 2. Descubra formas de assumir um controle maior do marketing em sua empresa.
> 3. Comece a falar com outras pessoas que fazem marketing – o que elas pensam?
> 4. Comece a estudar o marketing que você já faz (se é que faz) muito mais criticamente – quais os pontos mais fracos e quais os mais fortes?
> 5. Faça uma avaliação dos clientes que tem – quem são, onde estão e por que compram de você?
> 6. Comece a pensar em seu produto – o que é e o que faz (ou deveria fazer) para se tornar mais popular entre seus clientes?
> 7. Estude os concorrentes – o que estão fazendo a) melhor, e b) pior do que você ao procurar comercializar seus produtos?
> 8. Livre-se de todos os preconceitos que ainda tiver sobre marketing – você não pode se dar ao luxo de tê-los! Comece persuadindo seus colegas de que o marketing é responsabilidade de todos.

Capítulo 2 **Quem São Seus Clientes e Onde Eles Estão?**

O que há neste capítulo para você

- *Conheça seus clientes*
- *Foco no cliente*
- *Identifique seus clientes*
- *A segmentação do mercado*

"*Uma das regras cardinais do marketing é conhecer os clientes melhor do que a palma de sua mão. Nunca tente adivinhar quem são. Não tenha a pretensão de falar por eles. Mexa-se e descubra tudo a seu respeito.*"

Jane Sellars, fundadora de uma empresa de sucesso que trabalha por reembolso postal

Conheça seus clientes

O primeiro estágio do marketing (depois que você já se convenceu de sua importância) é fazer pesquisa. A informação de que você mais precisa é quem são seus clientes.

> **E VOCÊ?**
> O que você sabe a respeito de seus clientes? Acha que tem informações suficientes? Como poderia ficar sabendo mais?

Pense em seus clientes atuais e em quem poderiam ser seus novos clientes. Pergunte a si mesmo:

- Quem são eles?
- Onde estão?
- Quantos são?
- O que querem agora e no futuro?
- De que precisam atualmente e quais serão as mudanças nessas necessidades?

"*Quando fizemos uma pesquisa, descobrimos que nossos clientes não eram quem pensávamos que fossem. Foi uma grande surpresa, mas nos ajudou a dirigir nosso marketing com muito mais eficiência para o alvo desejado.*"

Desistimos de fazer publicidade em tablóides, por exemplo, e, em seu lugar, fizemos uma promoção bonita e elegante na revista local voltada para as camadas altas. Desde então, nossa empresa está crescendo a olhos vistos."

Mike Silver, dono de uma empresa que oferece aulas particulares

Quanto mais você sabe sobre seus clientes, tanto mais fácil é fazer marketing para eles. Você não pode saber pouco sobre eles; portanto, não se satisfaça com pouco ao analisá-los.

Foco no cliente

Se você acha que o produto "certo" se vende sozinho, leia o que Ben Reynolds tem a dizer.

"Gastamos um bocado de tempo, dinheiro e energia para fazer de nossos produtos os melhores da cidade. Mas os problemas começaram logo. Certo, tínhamos alguns clientes fiéis, mas não em número suficiente para pagar as contas. Em poucos meses estávamos no vermelho e o pessoal do financeiro fez soar o alarme. Seis meses depois, os bancos cobraram suas dívidas e nós falimos. 'Se ao menos o público soubesse o que estava perdendo...', dissemos entre nós."

Ben Reynolds, diretor de uma gráfica

Se ao menos o público soubesse o que estava perdendo – frase típica de uma empresa mais voltada para seus produtos que para seus clientes, uma situação insustentável.

Uma empresa voltada para seus clientes

- só cria os produtos que seus clientes pedem
- gasta boa parte de seus recursos com o marketing e com a relação com os clientes
- acredita que "perguntar primeiro, depois oferecer o produto" é a melhor forma de fazer negócio.

Uma empresa voltada para os clientes é dirigida pelo marketing. É assim que a maioria das empresas de sucesso de hoje são administradas. Muitas falências comerciais se devem ao foco no produto. Pense no carro elétrico da Sinclair C5, no sistema de vídeo Betamax ou nos numerosos jornais de vida curta que já foram lançados.

> **AÇÃO!**
> O foco de sua empresa está no produto ou no cliente? Cabe a você transformar sua empresa numa companhia voltada para o cliente. Pense nas formas de fazer você e seus colegas conversarem mais sobre os clientes e talvez um pouco menos sobre o produto. Lembre-se: o cliente vem em primeiro lugar!

Identifique seus clientes

Quem são, afinal, esses importantes clientes? Que tipo de arquivos de clientes, se houver, são mantidos por sua empresa, que poderiam ajudá-lo a responder essa pergunta? Você tem uma lista de clientes catalogados em um banco de dados? Entre outras coisas, o que você precisa saber é onde moram e que tipo de pessoas são. Existem clientes das mais variadas formas e tamanhos, portanto não ignore nenhum setor ao montar o quadro que vai lhe mostrar quem são.

Seu contato com os clientes pode variar. Mas, para que exista um mercado, é preciso haver algum tipo de contato, que pode ser pessoal, pelo correio, por telefone ou por fax. Outro setor florescente de contato com os clientes é a Internet.

> **E VOCÊ?**
> Como você faz contato com seus clientes? Esse contato pode melhorar? Pode ser feito de outras formas?

"Tenho uma loja e achava que só tinha contato com meus clientes ali no balcão. Isso é verdade em relação às pessoas que já são clientes, mas há novos clientes por toda a parte. Vendo carpetes e aprendi a sempre prestar atenção no cliente. Onde quer que eu esteja, há clientes em potencial – na escola das crianças, no restaurante, em festas, no ônibus. Nunca saio sem meu cartão de visitas e sempre tenho algo para mostrar a um comprador em potencial."

Reg Robinson, dono de uma loja de carpetes

No caso de Reg, todo contato que ele faz, cria um cliente em potencial. Isso não significa que você tem de ser um vendedor 24 horas por dia, enchendo a paciência de todo o mundo, mas deve estar alerta para não perder oportunidades. O importante é saber reconhecer um cliente em potencial.

A segmentação do mercado

Isso parece jargão do profissional de marketing. O conceito é muito simples: é pouco provável que seus clientes sejam um grupo homogêneo; devem estar espalhados por várias classes sociais, faixas etárias e tipos de ocupação e localização geográfica.

A segmentação do mercado diz muito sobre a forma de chegar a seus clientes depois que você os identificou e sabe o que eles podem estar querendo. Por exemplo: se você vende *lingerie* de renda, não pode promover seus artigos com uma série de anúncios numa revista especializada em esportes ou em viagens ao Pólo Norte – a menos que saiba de alguns segredos de seus clientes! Lembre-se também de que as pessoas que vivem em regiões diferentes tendem a gostar de coisas diferentes.

Identificar seus segmentos de mercado faz parte de um processo constante de coleta de informações, processo com o qual sua empresa tem de estar inteiramente comprometida. Veremos mais adiante como encorajar os clientes a lhe falar mais sobre eles próprios.

AÇÃO!
Segmentação de mercado parece algo muito complicado mas, se você tiver as informações certas, só vai precisar de alguns minutos para descobrir as diferenças que existem entre seus clientes. Pense na forma de classificar os clientes em setores fáceis de identificar.

Ao pensar sobre seus clientes, pergunte:
- Quem são as pessoas-chave na tomada de decisões?
- Quais são as características de seus principais clientes? Por exemplo: as informações básicas incluem:
  idade, sexo e estado civil
  grupo ou classe social
  filhos
  ocupações típicas e faixas de rendimentos
  interesses
  localização geográfica

Quem são seus clientes e onde eles estão?

Agora pense (ou descubra) quantos dos clientes que você já tem se encaixam em cada uma das categorias que você definiu. E faça o mesmo exercício com novos clientes em potencial. Armado com todos esses detalhes sobre seus clientes, você pode dirigir seu marketing para o alvo com muito mais eficiência.

"Estávamos muito preocupados com a redução das matrículas. Os alunos que vinham de nossas escolas tradicionais de ensino fundamental estavam indo para outros colégios, ou havia poucos deles. Resolvemos fazer uma análise completa do mercado – onde estavam nossos alunos em potencial? Para onde estavam indo, uma vez que não era para nossa escola? O que estavam procurando? Que ambiente familiar tendiam a ter? Depois de fazer essa pesquisa, descobrimos que não estávamos conseguindo atrair um grande número de crianças de famílias de renda alta que viviam em certas áreas da cidade. Dirigimos nossa publicidade e visitas promocionais para essas áreas – suas lojas, bibliotecas, escolas locais de ensino fundamental e até maternais. Agora o número de matrículas voltou a crescer."

Diretora de uma escola de ensino médio

Lembre-se: você nunca sabe demais sobre seus clientes. Leve a segmentação do mercado a sério.

DICAS

Maneiras infalíveis de compreender seus clientes:
1. Faça um inventário dos clientes que você já tem – quem são, o que querem agora e o que esperam no futuro? Divida seus clientes em segmentos de mercado.
2. Certifique-se de que sua empresa esteja mais voltada para o cliente do que para o produto. Comece a pensar que todo contato é um cliente em potencial.
3. Comece a manter arquivos mais detalhados sobre os clientes. Faça registros separados para cada tipo de contato com o cliente: entrevista pessoal, reembolso postal, vendas por telefone e assim por diante.
4. Pense em formas de levar seus clientes a falarem mais de si com você – crie questionários, por exemplo, e incentive-os a respondê-los com sistemas de cupons que dão direito a um produto ou promoções.
5. Faça um pouco de pesquisa sobre clientes em potencial – de que segmentos de mercado eles fazem parte?
6. Jamais contente-se com as informações que tem sobre seus clientes – continue tentando aperfeiçoá-las e procurando mais.

Capítulo 3   O Que Seus Clientes Desejam?

O que há neste capítulo para você

- Onde conseguir informações
- Auditoria interna e externa – PEST
- Pesquisa básica
- Analise suas descobertas

"Pesquisa de mercado significa passar um bocado de tempo nas esquinas com pranchetas na mão. É muito esforço para um ganho mínimo."
Geoff Sidebotham – gerente de um armazém

A pesquisa de mercado

> **E VOCÊ?**
> Em torno do que você acha que a pesquisa de mercado gira? Já fez alguma? Planeja fazê-la? Preferiria deixá-la a cargo de outros?

O próprio termo "pesquisa de mercado" já deixa muita gente com maus pressentimentos: a idéia do tempo e do esforço necessários pode ser desanimadora.

"A pesquisa de mercado é algo que sabemos que seria importante, pois nossas vendas estão caindo vertiginosamente nesse momento, mas simplesmente não podemos nos dar esse luxo."
Daniel Darling, dono de uma loja de material elétrico

O comentário de Daniel é típico. Contratar um profissional de pesquisa de mercado pode ser muito dispendioso, mas você mesmo pode fazer muita coisa sem gastar uma quantidade absurda de tempo e dinheiro.

Pesquisa de mercado significa simplesmente coleta de dados sobre o mercado, dados que depois são arquivados e analisados. Para que fazer isso? A pesquisa de mercado ajuda de duas maneiras fundamentais:

- Primeiro, ajuda você a dirigir seus produtos e serviços para o público-alvo com muito mais precisão e eficiência.
- Segundo, ajuda você a acompanhar e controlar o processo de marketing muito mais acuradamente, eliminando com isso o esforço desnecessário e poupando dinheiro.

Você não precisa ser uma empresa grande para usar a pesquisa de mercado. Qualquer um pode fazê-la. Ela requer os seguintes passos fundamentais:

(1) Perguntar: De que preciso agora?

"Nosso exercício de pesquisa de mercado começou com um brainstorm da equipe. Começamos a nos perguntar onde nós, como empresa, gostaríamos de estar dali a cinco anos."

David West, diretor de uma pequena transportadora

(2) Esclarecer suas *metas* e *objetivos* de marketing. "Qual é a diferença?" É esta:
- Metas = onde queremos chegar?
- Objetivos = como vamos realizar nossas metas?

"Nossa meta era fácil – ser a maior transportadora da região em três anos. Atualmente somos a oitava. Nossos objetivos tinham de ser quantificados, lógico – expandir nossa base regional de clientes em 24% em dois anos e controlar até 4% do mercado nacional."

David West

> **AÇÃO!**
> Esclareça suas metas de marketing. Depois estabeleça seus objetivos de forma mensurável. Essa medida pode ser em reais, vendas, parcela do mercado, número de clientes, índices de crescimento – o que for apropriado – mas os objetivos têm de ser mensuráveis.

(3) Estabeleça termos de referência claros para a pesquisa. Pergunte: "Que dados precisam ser coletados?" A pesquisa de mercado pode consumir muito tempo; por isso, certifique-se

de que sabe *exatamente* o que precisa saber. Despender tempo pensando bem nisso pode lhe poupar um bocado de problemas mais tarde.

"*Nossos termos de referência eram bem claros: precisávamos explorar os quatro principais segmentos do mercado regional. Precisávamos saber qual o volume total dos negócios, índices recentes de crescimento, a parcela do mercado de nossos concorrentes, a imagem que os clientes tinham de nós e a concorrência.*"

David West

(**4**) Começar a coletar os dados. A regra de ouro é: *Trabalhe sistematicamente*. Voltaremos a esse ponto mais adiante.

(**5**) Analise e interprete os dados que obteve. Esse é, obviamente, o passo fundamental. Se não conseguir idéias a partir da pesquisa que fez, então o esforço foi inútil.

> **AÇÃO!**
>
> Comece pensando nesses passos fundamentais da pesquisa de mercado. Discuta-os com os colegas. Pense em quando e como vai implementá-los.

Vamos examinar mais de perto o passo 4, a coleta de dados. Existem duas fontes principais: são os "dados primários" e os "dados secundários". Os dados secundários já existem – estão lá fora à sua espera. São publicados em catálogos de telefone, revistas, livros, artigos, listas de dados, estatísticas e assim por diante.

Descobrir as fontes de informações secundárias não requer muito tempo – depois que você volta sua atenção para elas. Um lugar muito bom para começar é lendo cadernos de negócios de jornais e revistas.

Onde conseguir informações

Obviamente, depende muito da natureza de sua firma – é pouco provável que o jornal local seja muito útil se você estiver querendo

O que seus clientes desejam?

transferir aqueles 200 quilos de armas à base de plutônio que estão no seu abrigo antiaéreo há séculos – mas eis aqui algumas boas fontes de informações:

○ catálogos de telefones residenciais e comerciais
○ jornais locais e nacionais
○ revistas especializadas
○ serviços de informações do governo
○ câmaras de comércio
○ bancos de dados comerciais
○ instituições de pesquisa e principais órgãos do setor
○ o anuário de uma determinada profissão ou associação comercial.

Além disso, temos a Internet. Essa é uma fonte incrível de informações. Leva tempo para fazer uma boa pesquisa, mas, com paciência, é muito provável que você consiga exatamente as informações que deseja.

E não se esqueça de estudar os concorrentes, principalmente se eles estiverem se saindo bem – descubra o segredo de seu sucesso.

"Queríamos testar o mercado em relação à clientela da medicina alternativa. Por onde começar? Tive uma idéia luminosa: pesquisar todas as revistas lidas por médicos e pacientes desse setor. Uma investigaçãozinha revelou cerca de 15 revistas. Elas falam sobre as últimas tendências, sobre o que seus concorrentes estão fazendo. Também é uma maravilha para chegar a clientes em potencial desse segmento."

Anil Desai, vendedora de suprimentos médicos

AÇÃO!

Reserve alguns momentos para pensar. Onde pode conseguir os dados e informações-chave que sirvam de base para sua estratégia de marketing?

Auditoria interna

Não se esqueça de examinar bem de perto o setor que você atua. As melhores opções do mercado costumam estar sendo criadas bem embaixo de seu nariz. Reserve algum tempo para fazer

23

uma auditoria interna dos negócios de sua empresa. Se mantiver registros de suas vendas (deve mantê-los) no computador, você pode obter programas que lhe mostrem as tendências de vendas. É importante ver que segmentos de seu mercado estão crescendo e quais precisam de estímulo.

Uma auditoria interna inclui:

- sua parcela do mercado e a de seus concorrentes
- gráficos de vendas organizados pelos segmentos do mercado (o crescimento das vendas para clientes com mais de 35 anos, por exemplo, ou que vivem na região norte do país, ou que têm filhos, etc.
- uma avaliação de seu preço, de seu produto, dos locais onde você está vendendo seu produto e de que maneira o está promovendo (ver capítulos posteriores sobre os 4 Ps)
- o número de novas sondagens, queixas, comentários e assim por diante.

AÇÃO!

Faça uma lista das informações de marketing que você gostaria de incluir em sua auditoria interna.

Auditoria externa (PEST)

Faça também uma auditoria externa. Ela estuda as influências de fatores sobre seu produto ou serviço, que estão fora de seu controle imediato. A forma clássica de se lembrar dessas influências externas é com a sigla PEST: P (política), E (economia), S (social) e T (tecnologia).

Nenhuma empresa é uma ilha. Os melhores projetos empresariais podem dar com os burros n'água quando as coisas mudam no mundo exterior. Pense no impacto de uma mudança governamental, por exemplo, sobre sua companhia, ou do colapso da moeda corrente, ou de uma nova lei que proíba suas atividades, uma nova invenção que torne seu produto obsoleto. O marketing envolve o futuro. Para enfrentar as mudanças, você precisa conhecer as influências que o ambiente externo tem sobre sua empresa. Vamos examinar a PEST com mais detalhes.

Política

Nossos políticos e legisladores têm um poder imenso sobre nossa forma de conduzir os negócios. Podem ter e têm de fato uma influência direta sobre:

- taxas de juros
- regulamentações que controlam a fabricação ou uso de seu produto
- impostos, concessões e subsídios
- regulamentação das exportações, importações e relações comerciais com outros países
- leis sobre a forma de descrever seu produto, leis relativas à publicidade, etc.

Economia

Todos nós atuamos num ambiente econômico. Suas vendas dependem diretamente de:

- nível de emprego
- o índice geral do crescimento da economia
- impostos e outras deduções que afetam os rendimentos disponíveis
- recessão ou recuperação
- o custo dos empréstimos.

Um fator muito importante aqui é o ciclo econômico. Por exemplo: os anos 1985-8 e 1994-7 foram claramente períodos de crescimento e recuperação nos Estados Unidos e na Europa. Mas também houve anos de vacas magras, como as recessões de 1979-82 e 1989-93. Numa recessão, os negócios caem vertiginosamente, os clientes fazem contenção de despesas, muita gente perde o emprego e muitas empresas vão à falência. As recessões do passado foram causadas por altas no preço do petróleo, guerras, quebras em mercados externos, colapso da bolsa de valores, etc.

AÇÃO!

Você deve reservar ao menos algum tempo toda semana para ler as seções de negócios dos jornais. Descubra o que os especialistas estão pensando a respeito do próximo ciclo de recessão ou recuperação (infelizmente, existem muitos desses "entendidos" e eles nem sempre

> estão certos; portanto, não feche as portas assim que começar a temer o pior. O que estou sugerindo é ter uma noção do que está acontecendo – ela pode salvar sua empresa ou até abrir novas oportunidades para seu negócio).

AÇÃO!

Sociedade

Os hábitos de compra são alterados pela moda, pelo gosto e por atitudes sociais diferentes. As mudanças da sociedade têm influências importantes sobre todo um leque de bens e serviços, que pode ir de questões ecológicas à liberação das mulheres, de mudanças nos valores familiares a nossas atitudes relativas à religião e ao trabalho. Muitas companhias cresceram ao localizar mudanças na sociedade antes de elas acontecerem em larga escala. A mudança social pode prejudicar facilmente sua empresa ou mercadoria. Cabe a você estar atento. Leia os jornais e converse com os clientes. Tome o pulso do mercado.

Tecnologia

Nunca houve uma época em que a mudança tecnológica tenha sido mais rápida do que agora. Isso se aplica particularmente aos meios de comunicação, computadores e produtos de lazer. As implicações estão muito além dos objetivos deste livro e você provavelmente já tem uma dolorosa consciência delas. Repetindo: você precisa se manter a par dos avanços tanto quanto for humanamente possível.

"Pensávamos ter o melhor abridor de latas do mundo, até que alguém revolucionou o desenho e, de repente, estávamos obsoletos."

Meg Bishop, gerente de produtos

E VOCÊ?

> Será que algum avanço tecnológico dos próximos três anos pode afetar sua empresa? Se de repente você se deparar com uma mudança profunda em seu ramo, de que maneira ela vai afetar sua empresa? Você tem uma estratégia para enfrentar essa eventualidade?

Ter consciência de PEST não deve desanimá-lo diante dos fatores externos que fogem a seu controle e que podem dar errado. É apenas uma forma de sentir na pele o ditado "um homem prevenido vale por dois".

Pesquisa primária

Envolve coleta de dados criados especialmente para seus objetivos. Dispor deles requer bem mais tempo, esforço e dinheiro mas, no fim, você vai ter as informações que *realmente* quer. A fonte mais comum de dados primários é um questionário dado a clientes existentes ou potenciais. Criar um questionário eficiente é uma arte. É muito importante evitar perguntas genéricas ou que incentivam o participante a lhe dar as respostas que você quer. Aqui estão algumas regras práticas para criar um questionário de pesquisa de mercado:

- Repetindo mais uma vez: você precisa determinar exatamente o que precisa saber. Além de todos os detalhes pessoais, você talvez queira saber a respeito dos seguintes itens: a localização geográfica de seu mercado, que produtos ou serviços o mercado está procurando, que preço o cliente está disposto a pagar e assim por diante.
- Evite perguntas vagas e genéricas do tipo "você gosta de nosso produto?" ou "que tipo de serviço você gostaria que lhe oferecêssemos?".
- Certifique-se de que as perguntas são adequadas para o método que pretende usar para fazer sua pesquisa, isto é, entrevista pessoal, telefone, correio, fax ou e-mail.
- Descubra o máximo que puder sobre as atitudes dos clientes já existentes ou potenciais. Pergunte sobre satisfação com os produtos existentes, os pontos fortes e fracos dos produtos existentes, melhorias no produto que seriam bem-vindas, oportunidades de criação de novos produtos e como o cliente toma decisões de compra.
- Verifique se as respostas que obtive são mensuráveis, isto é, se você pode quantificá-las e tomar decisões baseadas realmente na opinião de seus clientes.

"Em nossa primeira pesquisa de mercado, perguntamos 'O que acha de nosso produto?' 171 pessoas responderam 'razoável', 366 responderam 'bom',

12 responderam 'muito bom' e assim por diante. Logo aprendemos a dar opções mensuráveis, como classificar numa escala de 1 a 5 o quanto gostavam dos produtos que tínhamos a oferecer."

Barry Brown, consultor de desenvolvimento de produto

Quanto mais você sabe sobre os hábitos de compra de seus clientes, tanto melhor. Também é uma boa idéia descobrir o que eles consideram seus pontos fortes e fracos.

> **E VOCÊ?**
>
> Ao examinar esses questionários para clientes, você se pergunta "Por que eles querem saber disso?" e "De que forma isso vai ajudar a estratégia de marketing deles?"

"O bom desses questionários é que o próprio ato de apresentá-los é uma boa oportunidade de marketing. Você está dizendo ao cliente que 'realmente nos importamos com suas opiniões e prestar um bom serviço nos interessa'. Isso pode ser muito importante para uma empresa que depende de freqüência e reputação."

Jerry Sunder, dono de um restaurante à beira-mar

> **AÇÃO!**
>
> Crie um questionário simples para apresentar a seus clientes. De que maneira certificar-se de que todos os clientes tenham conhecimento dele, que todos os formulários sejam preenchidos e que todo questionário respondido seja coletado?

Analise suas descobertas

Depois de terminar sua pesquisa de mercado, está na hora de avaliar e analisar suas descobertas. Você deve concentrar sua análise em duas questões principais:

- ○ Como aumentar as vendas dos produtos existentes?
- ○ Como expandir e entrar em novos mercados?

Classifique seus dados em pouco potencial, potencial médio e potencial elevado. Concentre seus esforços e recursos nas áreas de grande potencial – ao menos no começo.

> **DICAS**
>
> Maneiras simples de descobrir quais são as necessidades de seus clientes:
> 1. Convença a si mesmo e às pessoas que trabalham com você de que a pesquisa de mercado é uma providência que vale a pena tomar.
> 2. Pergunte-se: "O que precisamos saber sobre nossa empresa para aumentar a satisfação dos clientes?".
> 3. Esclareça suas metas e objetivos, e pense na melhor forma de chegar aos resultados desejados. Reserve algum tempo para criar um questionário que vai ajudá-lo a chegar aos dados de que precisa.
> 4. Determine se precisa fazer uma pesquisa primária ou secundária (ou ambas) para satisfazer suas necessidades de pesquisa de mercado.
> 5. Descubra quais são as fontes de informações secundárias de que você dispõe.
> 6. Faça uma auditoria interna de marketing de seus negócios correntes para identificar áreas de crescimento e pontos fracos.
> 7. Faça uma auditoria externa PEST para avaliar o quanto você pode ser afetado por mudanças no clima Político, nas condições Econômicas, nas tendências Sociais e nos avanços Tecnológicos.
> 8. Comece a ler os cadernos de negócios dos jornais e revistas – essa é uma boa fonte para descobrir as tendências que vão afetar sua empresa.
> 9. Depois de obter as informações sobre seus clientes (existentes e potenciais), analise os resultados e procure melhorar sua maneira de fazer negócio com eles.

Capítulo 4 O Produto e o Preço

O que há neste capítulo para você
- *O que o marketing mix tem a ver comigo?*
- *Cinco estágios para chegar ao produto certo*
- *O ciclo de vida do produto*
- *Como determinar o preço e o posicionamento*
- *Como deixar os produtos menos sensíveis ao preço*
- *Proposição única de venda*

"*Marketing custa dinheiro e requer tempo – é essencial chegar ao marketing mix certo para nossos produtos.*"

Anne Cameron, gerente de marketing de uma papelaria

O que o *marketing mix* tem a ver comigo?

"*Marketing mix*" – você com certeza já ouviu esse jargão comum entre os profissionais do ramo. Na verdade, é uma expressãozinha muito útil, que sintetiza um bocado de coisas a respeito da tomada de decisões no marketing. Como já disse, marketing não é mudar um fator de cada vez para chegar a uma fórmula mágica que vai aumentar suas vendas. Envolve um processo – uma série de decisões sobre os 4 Ps, essenciais do marketing: Produto, Preço, Promoção e Ponto de venda: "Está bem, vamos alterar o preço, mas ao mesmo tempo mudar um pouquinho o produto, vendê-lo num mercado novo e fazer o melhor que pudermos para promovê-lo".

Portanto, *marketing mix* é simplesmente a forma pela qual você mistura os 4 Ps para dar a satisfação máxima a seu cliente – e, para você, isso significa **lucro**!

A tomada de decisões sobre seu PRODUTO

Vale a pena repetir que a palavra "produto" designa tanto mercadorias quanto serviços – qualquer coisa que sua empresa ou associação produz ou faz e que é comercializada de alguma forma.

O produto e o preço

> **E VOCÊ?**
> Pense um pouco sobre seu(s) produto(s). Há quanto tempo sua empresa está oferecendo esse produto? Em sua opinião, durante quanto tempo ela vai continuar a oferecê-lo? Como o produto vai mudar e se aperfeiçoar?

A decisão mais difícil que qualquer empresa tem de tomar envolve as seguintes perguntas: "O que produzimos? Essa ainda é a escolha certa?". A razão mais óbvia para a falência do produto é não compreender o mercado – em outras palavras, interpretar mal o que os clientes querem comprar e quanto estão dispostos a pagar. O mundo dos negócios está repleto de idéias maravilhosas que nunca dão certo realmente.

"Se os desejos dos clientes não são levados em conta, ou são mal interpretados, a falência não demora."

Sharon Ball, editora

Portanto, você precisa identificar as necessidades de seus clientes – mas como? Essa pergunta remete a outra: "Quem são seus clientes?". Tem certeza, por exemplo, de que a pessoa que compra seu produto é a pessoa que o usa? Em muitos casos, o cliente não é a pessoa que o compra – pense nos carros da família ou nos aparelhos de televisão. Neste último caso, o usuário mais importante podem ser as crianças.

Não se esqueça dos clientes *potenciais* – aquelas pessoas à espera lá fora, que gostariam de comprar o seu produto, mas aos quais você ainda não chegou. Talvez você não os tenha identificado, ou esteja tentando lhes vender o produto errado.

> **AÇÃO!**
> Pense um pouco sobre a verdadeira identidade de seus clientes. Supondo que você os tenha identificado corretamente, como pode ter certeza de que seu produto satisfaz suas necessidades? Você sabe que necessidades são essas? Eles provavelmente são mais complexos do que você pensa.

Tome o carro como exemplo: pense sobre as necessidades dos compradores potenciais de carros. A resposta óbvia é que eles desejam ir de A até B. Mas existem outras necessidades importantes que devem ser satisfeitas: a necessidade de economia, a necessidade de o carro ser bonito, a necessidade de dar conforto aos motoristas e passageiros.

Por que esses clientes estão comprando o seu produto? Mais uma vez, uma pesquisa de mercado simples pode responder a essa pergunta. Interrogue os clientes diretamente (mas com muito jeito) e/ou acrescente uma seção no questionário que você criou para obter *feedback* de seus clientes sobre o motivo que os levou a comprar o produto e como pretendem usá-lo.

Identifique seu produto e sua capacidade

Ao pensar em seu produto, há um jargão do marketing extremamente importante que vai ter realmente um valor incalculável para você: **o ciclo de vida do produto**. Vamos discuti-lo com mais detalhes adiante. Agora você deve pensar sobre o motivo pelo qual você está produzindo/vendendo seu leque atual de produtos. Tenha cuidado para não dizer "Sempre fomos conhecidos por fazer isso" ou "Não sabemos fazer mais nada". Se responder "Isso é quase um passatempo para nós", sua empresa pode ter eleito um foco desaconselhável. O foco deve ser o cliente.

> **E VOCÊ?**
> O que tem a dizer sobre as razões pelas quais você fabrica seu produto atual? Alguma das respostas acima? Seja honesto.

Muitas empresas deram errado por produzir as coisas erradas pelos motivos errados. Lembre-se da essência do marketing: manter o cliente sempre embaixo de sua vista. Você está fazendo tudo pelo seu cliente e só em função dele? Há pouco espaço para o sentimentalismo ou para o hábito na escolha dos produtos.

Supondo que você saiba o que seus clientes querem de fato, sua empresa tem capacidade de satisfazer as necessidades deles? Se a resposta for "Sim, sei para onde o mercado está indo, mas não, não temos condições de satisfazer essa necessidade", então você está aceitando a derrota. Uma forma de ir em frente é fazer uma análise completa de sua empresa. Essa análise requer conhecimento de:

- Pontos fortes
- Pontos fracos
- Oportunidades
- Perigos

Peça a seus colegas para discutir um pouco essas quatro questões. Essa discussão pode ser um recurso extremamente importante para falar sobre problemas que de outro modo não viriam à tona. Também pode ser uma excelente oportunidade para o surgimento de novas idéias. Toda empresa deve fazer esse tipo de análise – não deixe de envolver todos os funcionários.

Vamos ver o exemplo da Premier Printers, uma gráfica local.

- **Pontos fortes** – boa reputação local, equipe de funcionários motivada, boa rede de clientes, entrega rápida, balancete equilibrado.
- **Pontos fracos** – dependência de produtos tradicionais como panfletos, folhetos, brochuras.
- **Oportunidades** – contratar trabalho com a faculdade local, oferecer serviços de fotocópia e fax, material de escritório.
- **Perigos** – editoração eletrônica doméstica, aumento da concorrência local, início de recessão.

Depois de fazer esse tipo de análise, o chefe da Premier Printers resolveu reduzir seus negócios tradicionais e concentrar-se mais no setor especializado. O investimento em máquinas e treinamento foi aprovado.

> **E VOCÊ?**
> Quais os itens que constariam de uma análise completa das atividades de sua empresa?

Harmonize as necessidades de seus clientes com sua capacidade

Isso pode ser feito de maneira muito simples:

- 1. Identifique as características de seu produto – em outras palavras, o que seu produto oferece?
- 2. Identifique a maneira pela qual essas características beneficiam seu cliente – é disso que seus clientes precisam?
- 3. Pense nas necessidades de seus clientes que não são satisfeitas pelas características de seu produto.
- 4. Pense nos novos produtos que sua empresa poderia criar e que satisfariam melhor as necessidades de seus clientes.

Seu produto agora e no futuro

"Oferecemos o mesmo serviço aos turistas há cerca de 15 anos. Nossos chalés sempre foram populares e sempre havia reservas. Mas simplesmente não percebemos que o mercado estava mudando e, antes que nos déssemos conta, estávamos oferecendo férias de duas semanas que ninguém mais queria."

Brian Mitchell, dono de empresa que oferece estadia em trailers e chalés

> **E VOCÊ?**
>
> Você está oferecendo o produto certo para este momento e para o futuro? Pode se dar ao luxo de se deitar sobre os louros do passado? Em ambos os casos, a resposta deve ser "Não".

Neste nosso mundo extremamente competitivo, ninguém (pelo menos nenhuma das empresas pequenas ou médias) pode se dar ao luxo de estar inteiramente satisfeito com o produto que coloca no mercado.

Uma boa forma de pensar sobre a posição de seu produto é considerar seu ciclo de vida, uma ferramenta vital para fazer você refletir sobre seu produto – seu presente e, o que é mais importante ainda – seu futuro.

O ciclo de vida do produto

Depende de questões como:

○ Devemos investir mais nesse produto?
○ Devemos promover esse produto de forma mais enérgica?
○ Devemos começar a nos adaptar e mudar nosso produto?
○ Nosso produto vai deixar de vender?

Essas perguntas e outras dizem respeito ao ciclo de vida do produto. As empresas só florescem quando os produtos que colocam no mercado satisfazem as necessidades dos clientes. Mas essas necessidades estão sempre mudando – o que foi uma verdadeira febre este ano pode estar fora de moda no ano que vem. O ciclo de vida do produto pode ajudá-lo a apresentar argumentos sólidos sobre o presente e o futuro de seu produto.

Por melhor que seja, nenhum produto tem vida eterna. O ciclo de vida de um produto é constituído de quatro estágios:

○ Lançamento
○ Crescimento
○ Maturidade
○ Declínio

Todos os produtos parecem ter esse ciclo. É uma idéia muito sensata saber em que ponto desse ciclo está o seu produto – se, por exemplo, estiver prestes a entrar em sua fase de declínio, você deve pensar duas vezes em promovê-lo com grandes investimentos.

Vamos examinar as fases uma a uma – e você deve pensar em seu(s) produto(s) à medida que cada uma delas for explicada.

Lançamento

Esse é um momento de grande tensão. Dar à luz um novo produto pode ser um processo doloroso e às vezes trágico. A "mortalidade infantil" de novos produtos é alarmante – dizem que apenas 20% dos novos produtos sobrevivem.

> **E VOCÊ?**
>
> Portanto, imagine que você lançou um novo produto no mercado. O que espera em relação a
> - Penetração no mercado?
> - O número de concorrentes?
> - Os custos da promoção?
> - O preço do produto?

Na maioria dos casos, mas não em todos, a fase de lançamento tende a significar que a penetração no mercado é pequena – o produto não teve tempo de causar impacto. Dependendo do produto, pode haver poucos concorrentes, principalmente se o produto é inovador. O custo de promoção do produto pode ser elevado, principalmente em termos dos custos de promoção por unidade (Por quê? Porque os custos gerais da promoção correspondem a vendas iniciais relativamente pequenas. Pode muito bem acontecer que os produtos existentes tenham de carregar o recém-chegado até ele estar mais estabelecido no mercado). O preço é tipicamente elevado no lançamento de um produto novo – ele tende muito mais a começar com um preço alto e ir diminuindo do que o contrário.

Nessa fase inicial, o produto pode ser mais claramente diferenciado dos outros produtos – em outras palavras, seus concorrentes ainda não tiveram tempo de imitar o seu produto. Nessa fase, o crescimento das vendas é relativamente lento. Requer tempo para se consolidar.

Crescimento

Se o seu produto sobreviveu à fase de lançamento, é provável que entre numa fase de crescimento. Agora as vendas começam a acelerar à medida que o produto se torna bem estabelecido. As características típicas da fase de crescimento são:

O produto e o preço

- As vendas tendem a subir
- Os concorrentes começam a imitar e passam a surgir novos rivais
- Os custos de promoção continuam altos, mas os custos por unidade começam a cair
- O produto está consumindo uma grande parte do tempo da cúpula da empresa e outros recursos
- O produto pode se adaptar ou entrar em nichos especiais do mercado.

Maturidade

As vendas ainda estão aumentando enquanto o produto continua a conquistar uma parcela maior do mercado, mas o índice de crescimento reduziu-se claramente. Agora o produto entrou num estágio crítico.

- Já houve penetração em grande parte do mercado
- O apoio promocional é menor – agora o produto já é conhecido
- Os preços estão mais consolidados e estáveis.

Você vai ter de conviver com os concorrentes (a menos que tenha uma patente ou algum outro dispositivo para proteger o seu produto). E, na verdade, isto é um bom sinal – significa que existe realmente um mercado para seu produto.

> **E VOCÊ?**
> Como esse estágio de maturidade pode ser prolongado? Uma forma muito comum é criar uma imagem impactante da marca de seu produto. Pense em grandes marcas como a Heinz Baked Beans, a Coca-Cola, a Levis Jeans. Todas elas criaram um nicho estável no mercado e é muito difícil para seus rivais entrar em sua parcela de mercado. Você tem condições de fazer o mesmo?

A imagem de uma nova marca pode insuflar vida nova num produto antigo e o lançamento da marca pode até fazer com que ele entre num novo ciclo de vida. No entanto, criar uma marca é um negócio caro que exige um investimento muito grande de fundos promocionais.

Declínio

Não há bem que não se acabe! Vai chegar uma hora em que até os produtos mais vendidos vão começar a perder sua parcela de mercado – na realidade, as vendas vão começar a declinar. Esse é um momento muito perigoso. Muitas companhias ficam tão envolvidas com seus produtos que não reconhecem que a fase de declínio começou. Apegam-se aos velhos produtos, comprometendo recursos escassos com o "ganha-pão do passado".

"Nosso carro-chefe em termos de publicação era um catálogo criado pelo fundador da empresa. Sua produção era um pesadelo, mas investíamos um bom dinheiro ano após ano, caprichando no design e usando encadernações diferentes na tentativa de conter a queda das vendas. Então alguém descobriu que praticamente todos os dados que usávamos eram veiculados gratuitamente pela Internet! Estava na hora de abandonar a tradição, caso contrário o desastre era certo."

Sharon Ball

Quanto tempo vai se passar até que seu produto entre em declínio? Impossível dizer – cada produto é diferente de todos os demais. O importante é ficar de olho no ponto em que você se encontra no ciclo. Preste atenção aos sinais. Aqui estão algumas características da fase de declínio:

○ O número de produtos rivais está diminuindo
○ Os concorrentes estão começando a oferecer produtos novos
○ As vendas estão caindo e pode haver necessidade de um desconto considerável no preço para mantê-las.

Não tente sair dessa fase atirando pela janela um monte de recursos investidos num produto que já chegou ao fim de sua vida.

> **AÇÃO!**
> Pense no ciclo de vida do seu produto. Em que estágios estão os seus produtos? Tem certeza de estar tomando as decisões corretas sobre preço, esforço de vendas, promoção, investimento em recursos e equipe administrativa? Se achar que está tomando as decisões erradas, está na hora de reavaliar sua abordagem.

O produto e o preço

Nesse caso, o que pode ser feito para levar em conta o ciclo de vida do produto ao fazer o seu marketing?

> **DICAS**
>
> Algumas dicas práticas para manter seu produto vivo:
> ❏ Certifique-se de que seu produto é claramente diferenciado de outros no mercado.
> ❏ Considere a possibilidade de desenvolver uma imagem mais impactante para sua marca.
> ❏ Mantenha um contato íntimo com seus clientes – quais são seus gostos e necessidades atuais, o que acham de seu produto? Ouça as pessoas mais ativas ao fazer suas vendas.
> ❏ Mantenha sempre o padrão de qualidade – se necessário, invista no treinamento da equipe de funcionários e certifique-se de que todos estejam motivados e promovendo o produto de todas as maneiras possíveis.
> ❏ Continue tendo em mente o ponto em que está no ciclo de vida do produto e discuta esse tópico regularmente com seus colegas.

Como determinar o PREÇO

O preço é o segundo item dos 4 Ps que sintetiza sua estratégia de marketing. Supondo que você tenha um produto para vender, a pergunta seguinte é: "como determinar o preço?" É tentador ver o preço apenas como uma solução contábil ou parte de uma equação de custos.

"Sempre nos ativemos a uma fórmula rígida de preço, multiplicando o custo unitário por 2,2 e depois acrescentando o imposto sobre o valor adicionado."

Al Hobson, atacadista de souvenirs

Ver o preço como um acréscimo passivo aos custos unitários pode ser um passo muito perigoso. Não deixe as decisões relativas ao preço a critério pessoal da contabilidade, nem use simplesmente o resultado de uma fórmula fixa qualquer.

O preço faz parte do *marketing mix*. Faz parte da estratégia do marketing tanto quanto o lançamento ou as promoções do produto. É óbvio que o preço tem de cobrir os custos, mas sua determinação deve ser basicamente uma decisão de marketing. Chegar à definição errada do preço pode ser um erro crasso. O preço errado pode acabar com o melhor produto do mundo.

"A determinação do preço deve levar o/a cliente em consideração. O preço que ele/a paga é uma medida do valor atribuído a seu produto."

Frank Ramsey, hortifrutigranjeiro

O preço certo corresponde à avaliação feita pelo cliente do equilíbrio entre o sacrifício (pagamento) e a vantagem obtida. Um preço elevado e um produto de má qualidade é, evidentemente, a pior das combinações possíveis.

Que preço posso cobrar?

A experiência já mostrou que os clientes têm uma "expectativa de preço" em relação aos produtos. Eles fazem um cálculo inconsciente dos benefícios a que têm acesso por meio de um produto e isso determina o quanto estão dispostos a pagar por ele. Esse é o "preço esperado". É um cálculo baseado em sua percepção do "valor em dinheiro".

> **E VOCÊ?**
> Que expectativas de preço você teria em relação a:
> ❏ Duas semanas de férias no exterior?
> ❏ Um carro novo?
> ❏ Compras da semana na feira/supermercado?

Em muitos mercados, os clientes têm uma certa tolerância às alterações de preço. Para certos produtos, essa faixa pode ser estreita (5%, digamos, a mais ou a menos) e, para outros, a faixa pode ser ampla (20% a mais ou a menos, por exemplo).

Existem produtos muito sensíveis às alterações de preço – aqueles em relação aos quais os clientes não toleram aumentos. Uma pequena elevação do preço pode levar a uma queda muito grande nas vendas. O que evidentemente seria uma má notícia para o produtor.

Como deixar os produtos menos sensíveis ao preço

Eis aqui como deixar seus produtos menos sensíveis ao preço. Certifique-se de que seu produto seja:

- ○ extremamente diferenciado dos outros – isto é, que ele tenha uma "proposição única de venda" (ver adiante)
- ○ visto como um produto de excelente qualidade com poucos rivais – essa marca de qualidade pode ser associada às características do produto e/ou serviço que você oferece.

Posicionamento

Diz respeito à forma pela qual seu produto é visto no mercado. Seu produto pode entrar em qualquer uma de nove categorias diferentes, mostradas no diagrama abaixo.

Valor mínimo	Pouco valor	O melhor da categoria
Pouco valor	Valor mediano	Muito valor
Barato e popular	Bom e barato	Supervalor

Note que a qualidade aumenta à medida que você vai da esquerda para a direita e o preço cai do alto para baixo. Portanto, a casa do alto à direita ("o melhor da categoria") representa um produto de excelente qualidade a um preço elevado. No outro extremo, "barato e ordinário" inclui produtos de má qualidade a baixo preço.

- ○ Você deve considerar os setores sombreados como áreas onde não deve entrar. Nelas você estará oferecendo pouco valor e vai encontrar clientes que não sabem comprar.
- ○ Você pode se sentir tentado a colocar seu produto no setor de "valor mediano" (preço médio, qualidade média), mas lembre-se de que, nessa posição, você vai estar extremamente vulnerável à competição de produtos posicionados nos setores de "grande valor" e "supervalor", bem como dos produtos "bons e baratos".
- ○ A categoria "bons e baratos" (qualidade razoável a preço baixo) pode ser atraente se você tiver o mercado de massas como alvo. Embora essa costume ser uma estratégia que dá certo, tenha em mente que esses produtos são extremamente sensíveis ao preço e sofrem uma

concorrência feroz. Além disso, você pode concluir que suas margens de lucro são tão estreitas que as reviravoltas do mercado podem ser desastrosas para sua empresa.

○ Se você está no segmento "o melhor da categoria", a sensibilidade ao preço não será problema – a qualidade é mais importante que o preço. Certifique-se de que seu produto é realmente tão bom quanto você acha.

AÇÃO!

Lembre-se de que, para o cliente, o preço é um indicador de qualidade. Será que sua estratégia de preço está transmitindo as mensagens certas? Reveja o diagrama e responda algumas perguntas cruciais:
❏ Onde você está agora e onde deveria estar?
❏ Deve reposicionar seu produto e, nesse caso, seu preço?
❏ Alguns de seus clientes são mais sensíveis ao preço do que outros? Se forem, você consegue identificá-los e ajustar seus preços apenas nesses segmentos do mercado?

Lembre-se: o preço é uma decisão de marketing.

Proposição única de venda

Um recurso importante para diferenciar seu produto é uma proposição única de venda convincente. Essa proposição pode ter qualquer das seguintes características:

○ **para produtos:** o leque que você oferece, a facilidade de encontrar seus produtos, o preço e o valor em dinheiro, design e embalagem, confiança e serviço após a venda

○ **para serviços:** sua experiência e reputação, uma lista de clientes satisfeitos dispostos a endossar seu trabalho, sua rede de contatos e assim por diante.

"No começo não conseguíamos pensar em nenhuma proposição de venda para nossos produtos – afinal de contas, pizza é pizza. Mas depois de pensar melhor, de fazer perguntas a nossos clientes e espionar os concorrentes, chegamos a alguns resultados. O primeiro foi nosso leque das opções mais vendidas e pedidos especiais, depois o serviço de entrega gratuita e por último o preço. Acrescente a isso o fato de sempre receber sua pizza com um sorriso. Eis nossa proposição única de venda."

Fran Cutter, Pronto Pizzas

> **DICAS**
>
> Como chegar ao produto e ao preço certo
>
> 1. Pense no impensável – seu produto pode não ser tudo o que você acha que é. Não se agarre às formas antigas de fazer as coisas, como se isso fosse "parte da família".
> 2. Identifique seus produtos e para onde estão levando sua empresa. Certifique-se de que tem capacidade de satisfazer o mercado.
> 3. Compare a lista de necessidades do cliente com sua capacidade e identifique todas as incompatibilidades.
> 4. Faça uma análise completa de toda a sua empresa para avaliar seus Pontos fortes e Pontos fracos, Oportunidades e Perigos.
> 5. Faça um diagrama do ciclo de vida do produto em relação às suas atividades – onde você está agora e onde estará daqui a um, três e cinco anos.
> 6. Se o seu produto estiver em declínio, use a marca para mantê-lo vivo – nomes familiares desfrutam de uma expectativa de vida muito maior.
> 7. Certifique-se de que suas decisões relativas aos preços baseiam-se em considerações de marketing e não em fórmulas numéricas padronizadas.
> 8. Tome a providência que for necessária para reduzir a sensibilidade ao preço de seu produto enfatizando a questão da qualidade.
> 9. Reposicione seu produto se ficar claro que você está desperdiçando recursos ao competir no segmento errado do mercado.

Capítulo 5 — Ponto de Venda e Promoção

O que há neste capítulo para você

- A distribuição certa e o momento certo para seu produto
- Comunicação: como fazer com que seu produto seja notado
- Dicas sobre o uso de recursos promocionais
- Como administrar suas relações públicas
- Planejamento da comunicação

> "Por que estamos aqui? Meu avô fundou esse negócio aqui há 60 anos e nunca mudamos de lugar."
>
> Paula Foss, dona de bufê e fornecedora de refeições

O PONTO DE VENDA certo e o momento certo para seu produto

O terceiro P do *marketing mix* diz respeito a todos os canais a serem usados para a distribuição e venda físicas do produto, aos custos e benefícios relevantes desses canais e também para saber se é praticável usar canais diferentes.

Quais são suas alternativas? Se você for um fabricante relativamente pequeno, pode, por exemplo, vender seu leque de produtos diretamente ao cliente por reembolso postal ou loja de venda a varejo. Pode querer vender por um conjunto de canais, como vendedores assalariados, vendedores que ganham comissão, atacadistas, publicidade com resposta direta, reembolso postal, lojas de departamentos, cadeias de lojas, pequenos varejistas.

Se estiver oferecendo um serviço, é provável que tenha de estar perto de seus clientes.

As decisões relativas ao ponto de venda

> "Mudamos para cá porque é aqui que a maioria de nossos clientes vive e nossos produtos implicam um custo elevado de distribuição."
>
> Bill Kennedy, vendedor de pianos

Ponto de venda e promoção

As decisões relativas ao local baseiam-se nas respostas às seguintes perguntas:
- ❍ Onde estão seus clientes?
- ❍ Você precisa estar perto de seus clientes?
- ❍ Eles precisam de um serviço pós-vendas?
- ❍ Precisam que você lhes ofereça um serviço prestado pessoalmente?
- ❍ Qual a importância do custo de distribuição para fazer seu produto chegar aos clientes?

"Vendemos e distribuímos quase exclusivamente pela Internet e pelo reembolso postal, de modo que nossos clientes podem estar em qualquer parte do mundo."
Barbara Taylor, selos e outros artigos de coleção

Fácil acesso é a característica mais importante para seu cliente. Isso não significa que você tem de estar fisicamente próximo dele. Para clientes idosos e deficientes, você pode precisar de um bom serviço de reembolso postal e sistemas de entrega. Muitas empresas agora estão vendendo mercadorias e serviços pela Internet. Acessibilidade é apenas uma questão de ter uma página na Internet que possa ser encontrada fácil e rapidamente.

> **E VOCÊ?**
> Pergunte-se: "Estamos realmente no lugar certo?". "Nossos clientes precisam que estejamos num outro lugar – mais acessível?".

Se os seus clientes estão muito espalhados e você não pode se dar ao luxo de distribuir seu produto diretamente para eles, considere usar os serviços de um atacadista.

> **E VOCÊ?**
> Lembre-se: as decisões relativas a local devem ter por objetivo:
> ❑ facilitar ao máximo o acesso ao produto onde ele é necessário, quando é necessário, ou
> ❑ colocar o produto no local certo e na hora certa, o que significa fazer funcionar bem os seus canais de distribuição.

Avalie constantemente seus canais de distribuição, tanto da perspectiva de seus custos quanto do interesse de seus clientes. Verifique quais são as alternativas – sempre vale a pena pesar custos e benefícios ao escolher outra opção.

PROMOÇÃO: como fazer com que seu produto seja notado

Este é o último P do *marketing mix*. Promoção significa informar as pessoas a respeito de sua empresa e produtos e persuadi-las a procurarem você, e não os seus concorrentes.

Muita gente acha que isso tem tudo a ver com publicidade, mas um monte de empresas tem um programa muito eficiente de promoção sem gastar nada com publicidade. A publicidade é apenas um meio de promover o seu produto – há outras formas de fazer com que seus clientes notem a existência de seu produto e quais benefícios ele oferece.

Quais são os recursos promocionais à sua disposição?

As técnicas mais comuns usadas nos processos promocionais são:
- Recursos impessoais – promoções a distância, como cartazes nas vitrines das lojas, pinturas em veículos da empresa ou uma página na Internet.
- Publicidade – pode ser muito cara, dependendo do meio de comunicação escolhido, e só deve ser feita depois de pesquisa cuidadosa.
- Mala direta – pode ser muito eficiente para um leque bem grande de produtos (ver o próximo capítulo).
- Relações públicas – pode ser uma forma muito barata e eficiente de conseguir mostrar seu produto, mas as coisas podem dar errado.
- Literatura promocional – hoje em dia, uma despesa praticamente essencial. Certifique-se de que ela está atualizada, diz tudo o que você quer e transmite a imagem certa.

> **E VOCÊ?**
> Você está fazendo a contabilidade de todo o dinheiro que gastou com publicidade? Será que o dinheiro não poderia ser gasto de uma forma melhor?

"Fiz uma pesquisa rápida e descobri que só as pessoas com mais de cinqüenta anos tendiam a ler o jornal gratuito de nosso bairro. Não era de surpreender o fato de não estarmos tendo muita resposta."

Sal Greenway – organizador de festas de crianças

Quando pensamos em comunicação, tendemos a pensar em publicidade, que pode ser muito eficiente, mas também é muito cara (ou pode ser). Pense muito bem antes de continuar gastando com publicidade (ou de começar a gastar com ela).

> **AÇÃO!**
>
> Verifique se está conseguindo um bom retorno pelo dinheiro investido no orçamento de publicidade:
> - Quantos leitores (ou espectadores) vêem seus anúncios?
> - Quantos deles pedem informações?
> - Quantos desses pedidos terminam em venda?
> - O que aconteceria se você parasse de fazer publicidade durante algum tempo?
> - Você está se dirigindo realmente a seu alvo – isto é, está sendo lido ou visto por seus clientes potenciais? Se não estiver, que outros meios de comunicação seriam mais adequados?

"Jogávamos um bom dinheiro fora com anúncios fantásticos colocados na imprensa nacional de domingo – alguns de nossos concorrentes faziam isso, e seguimos os seus passos. Certo mês resolvemos ver o que aconteceria se parássemos de fazer os anúncios. A resposta foi: não aconteceu muita coisa. Desde então, dirigimos nosso orçamento de publicidade para onde achávamos que se encontravam nossos compradores potenciais: algumas revistas de comércio, revistas especializadas e boletins informativos de clubes (muito baratos)."

Bert Morris, empresa de equipamento de *camping*

Dicas sobre o uso de recursos promocionais

À lista de recursos apresentada acima, você deve acrescentar as suas ferramentas pessoais. Elas envolvem técnicas de promoção pessoal, como entrevistas de porta em porta, conversa com clientes nas lojas varejistas ou montagem de um *stand* em exposições.

Cada recurso tem seus pontos fortes e fracos. O ideal é selecionar aqueles que atingem seus objetivos de marketing de uma forma que compense em termos de custos. Ao escolher que recursos usar, lembre-se de que suas atividades promocionais devem levar em conta os quatro pontos sintetizados pelo acrônimo "AIDA":

- chamar **A**tenção
- despertar **I**nteresse
- criar **D**esejo
- levar à **A**ção

> **E VOCÊ?**
> Como seus produtos estão sendo promovidos nesse momento – que recursos estão sendo usados e por quê? Será que todos eles atingem os alvos de AIDA?

"Temos relações excelentes com nosso jornal local e várias revistas de comércio. Quando temos uma história a contar, escrevemos um press release e mandamos uma foto – que em geral é publicada e é ótima publicidade gratuita."

Jan Hall, consultor de projetos de segurança

Como administrar suas relações públicas (RP)

As relações públicas costumam ser a ferramenta esquecida do marketing. As pessoas acham que está muito ligada à faixa superior do mercado, ou que você precisa de um departamento especializado ou consultores dispendiosos. Na verdade, você mesmo pode fazer a maior parte desse trabalho. Assim:

(1) Os jornalistas adoram uma boa história e os editores detestam espaços vazios. Faça contato com alguns jornalistas bem colocados que podem ajudar a promover seu produto. Mande-lhes histórias e fotografias interessantes que prendam a atenção de seus leitores.

(2) Não há notícias? Crie algumas. Para quem está começando, pode ser a comemoração de eventos especiais: "Festa

de aniversário celebra os cinco anos da Fazenda Chocolate" ou "Empresa Qualquer dá um grande prêmio a seu centésimo cliente".

(3) Patrocine um evento local – uma gincana da escola, um evento esportivo, um campeonato entre times dente-de-leite. Isso sempre faz com que você tenha uma boa cobertura (e fará maravilhas pelo seu senso comunitário).

(4) Consiga um convite da rádio local para falar como especialista de seu ramo. O pessoal está sempre procurando gente para fazer entrevistas.

(5) Mande regularmente *press releases* e artigos para revistas especializadas que seus clientes costumam ler – não é tão difícil assim e as revistas especializadas estão sempre procurando um artigo curto e interessante.

Redija uma bela matéria

Siga essas regras simples que você logo vai estar produzindo matérias que a imprensa adora publicar:

- Comece fazendo estardalhaço. Diga tudo o que tem a dizer na primeira frase:
  "Goddards assinou um contrato milionário para fazer perfurações".
  "Joe Soap Ltd. é a primeira companhia da região a vender vinho albanês."
- Lembre-se dos 3 Qs. A história deve dizer:
  O Que aconteceu
  Quando aconteceu
  Quem estava envolvido
- Procure incluir uma citação (e faça um pouco de exercício sutil de venda): Com a chegada de 200 garrafas de Tirana Red, Joe Soap passou a ser a primeira companhia da região a vender vinho albanês – "Estamos muito orgulhosos de ser os primeiros a distribuir esse produto novo, que é excelente – tem um sabor delicioso e vai ser muito popular", disse Joe com entusiasmo.
- Faça-a curta e simples
  Uma matéria para ser enviada à imprensa não deve passar de uma página. Procure manter o número de palavras entre 250 e 300.

É necessário prática para aperfeiçoar a arte de redigir uma matéria para a imprensa que prenda a atenção do leitor, mas os benefícios compensam o esforço com juros e correção monetária. Escreva e depois reescreva, cortando e melhorando cada linha até ter certeza de despertar e criar interesse em torno de seu produto.

Planejamento da promoção

"Não gastamos um centavo com propaganda, mas patrocinamos eventos locais, inclusive um time de futebol, e fazemos o possível para estarmos associados à maioria das coisas que acontecem nesta cidade."

Reg Rogan, varejista de artigos esportivos

Antes de gastar um único centavo com promoção, você tem de planejar sua estratégia com o maior cuidado. O melhor jeito de começar é verificar o que fazem os concorrentes bem-sucedidos. Como se promovem? Que imagem procuram vender? Quais são suas proposições de venda?

> **DICAS**
>
> Depois de ter uma boa idéia do que os outros estão fazendo, dê os seguintes passos:
> - Identifique seu público-alvo com muito cuidado. Que características ele tem?
> - Defina as pessoas para as quais sua promoção está voltada – isto é, quem são as pessoas que tomam as decisões?
> - Melhore a mensagem que deseja enviar a elas.
> - Avalie qual é provavelmente o meio de comunicação mais eficaz para transmitir sua mensagem e atingir as pessoas que tomam as decisões. Folhetos? Publicidade? Mala direta? Rádio e televisão?
> - Verifique qual é o melhor momento para promover sua empresa.

Lembre-se: comunicação é tarefa de toda empresa, mesmo que você nunca se encontre cara a cara com seus clientes. A promoção pode favorecer extremamente a imagem de sua empresa e, por isso, vale a pena fazê-la bem, e o planejamento é a chave para isso.

DICAS

Como tomar decisões acertadas sobre Ponto de venda e Promoção
1. Reconsidere o local onde sua empresa se encontra. – Ainda faz sentido? Onde o cliente quer que você esteja?
2. Você tem condições de economizar na distribuição e mesmo assim satisfazer as expectativas do cliente mudando-se para outro lugar?
3. Reveja seu orçamento de publicidade de maneira regular e muito crítica – será que todos os anúncios estão compensando os gastos com eles?
4. Verifique o visual de seu material promocional. Pode ser necessário contratar um artista gráfico para refazer o material.
5. Verifique se o seu material promocional está atualizado e se transmite a mensagem desejada.
6. Pergunte a si mesmo se uma apresentação audiovisual, exposições comerciais e contatos pessoais não poderiam ser mais eficientes do que o seu material promocional.
7. Avalie seus métodos promocionais em face dos critérios AIDA – eles estão chamando a Atenção, despertando Interesse, criando Desejo e levando à Ação?
8. Pense numa forma de criar relações públicas melhores. Será que você poderia usar a participação de celebridades ou fazer demonstrações para atingir seus objetivos com maior precisão?
9. Comece a fazer contato com jornalistas bem colocados que poderiam ter interesse em utilizar os conhecimentos especializados que você tem de seu ramo.
10. Faça uma estratégia de planejamento que delineie as melhores formas de promover sua empresa e atingir o seu objetivo.

Um bom marketing não equivale a usar um recurso de cada vez, e sim equilibrar todos os 4 Ps a fim de tirar deles o proveito máximo – é literalmente conseguir o mix certo de ferramentas de marketing. Você não pode se dar ao luxo de ignorá-lo, pois marketing significa clientes e clientes significam lucros e sobrevivência. O marketing deve ser um processo contínuo com o qual todos os membros da empresa têm de estar envolvidos.

Capítulo 6   Mala Direta – o Que Você Deve e Não Deve Fazer

O que há neste capítulo para você
- Os prós e contras da mala direta
- Compreenda o mercado
- Estabeleça seus objetivos
- Listas de endereços

> "Mandávamos 2 mil cartas por dia. Aí fizemos uma pesquisinha entre os destinatários e descobrimos que 60% das cartas não passavam pelo filtro das secretárias particulares e nunca chegavam às pessoas que tomam as decisões."
>
> June Summers, da Gift Express

Os prós e contras da mala direta

A mala direta tende a ter má reputação. Todos já ficamos irritados com a massa de "lixo postal" que chega todos os dias. Mas não precisa ser assim.

> **E VOCÊ?**
> O que você acha das malas diretas que recebe? A opinião típica é: "Lixo postal é coisa mandada para a pessoa errada – é anônimo". O que costuma ser verdade.

A mala direta pode ser muito eficiente se você tiver a mensagem certa e ela for enviada aos destinatários mais apropriados. "Lixo postal" e aquilo que não tem destinatário – "Prezado Cliente" ou "Prezado Inquilino". Uma boa mala direta tem endereço certo e chega à pessoa certa. Isso requer planejamento. Benefícios de uma boa mala direta:

- É muito flexível e pode ser dirigida a clientes específicos de cada segmento do mercado. Você pode se dirigir a determinadas pessoas pelo nome.
- Você pode programar sua promoção para que ela se encaixe perfeitamente em seu plano de produção ou de serviços.

Mala direta – o que você deve e não deve fazer

○ Você pode incluir cartões de resposta que o ajudem a obter um *feedback* instantâneo do marketing.

○ Você pode manter um controle rigoroso dos gastos acompanhando a proporção de respostas.

Nesse caso, quais são os problemas da mala direta?

○ Há um monte de leis e regulamentos que você precisa entender para saber o que pode e o que não pode dizer ou oferecer pelo correio.

○ Tempo e dinheiro para gastar na preparação de uma boa lista de endereços para chegar às pessoas que realmente tomam as decisões.

○ Talento nas artes gráficas para colocar a imagem certa na sua mala direta e transmitir sua mensagem de maneira eficiente (você pode contratar alguém para lhe dar a ajuda necessária).

"Uma companhia continua me mandando sua lista de produtos – não que eu tenha pedido algum dia – apresentada nos dois lados de uma folha de papel ofício, com espaço simples e numa tipologia horrível, ilegível, que você não consegue decifrar. Sempre que vejo seu envelope, jogo-o direto na lata de lixo."

Terry Bathurst, engenheiro

Compreenda o mercado

A mala direta pode ser incrivelmente eficiente, mas não é barata. Por isso é importante que você planeje a estratégia de sua mala direta com o maior cuidado. O primeiro estágio é compreender o seu mercado.

AÇÃO!

Estude o seu mercado:
- ❏ Faça um perfil detalhado de seus clientes. Descubra seus hábitos de compra e tudo o que puder a respeito de mudanças de gostos.
- ❏ Pergunte a seus clientes o que acham de você e de sua companhia.
- ❏ O que seus concorrentes fazem? Procure receber algumas malas diretas deles. Isso é fácil – simplesmente entre na lista de endereços deles ou telefone e peça detalhes. Pense em formas de aperfeiçoar o que eles fazem.
- ❏ Faça uma lista dos prós e contras do uso da mala direta para chegar aos clientes de seu segmento de mercado.

Se achar que a mala direta vai dar certo com você, eis aqui alguns passos preliminares que devem ser dados. Entre numa associação comercial de peso e descubra quais são as leis e regulamentos que ela tem sobre mala direta. Converse com o pessoal das gráficas sobre as malas diretas com as quais trabalham. O que parece estar funcionando bem hoje em dia? Que tipo de impressão gráfica de mala direta os clientes deles apreciam? Também vale a pena rodar uma versão de sua mala direta e mandá-la aos clientes (além de amigos e parentes). Peça-lhes uma opinião crítica de seu projeto gráfico, *layout*, mensagem e hora certa de mandá-la.

Estabeleça seus objetivos

Depois de se envolver com uma campanha de mala direta, você precisa começar o planejamento detalhado e o estudo de custos dela. O primeiro estágio é pensar sobre o orçamento de que dispõe.

"Começamos a enviar mala direta no ano passado e agora estamos vendo que é de fato um recurso poderoso. Mas, no começo, desperdiçamos um bocado de dinheiro em coisas malfeitas que ninguém ia querer realmente ler. O texto era prolixo e chato."

Jill Lewis, dona de uma loja de cerâmica

Aqui estão algumas dicas úteis para o estudo de custos:

Cotação de preço: faça um levantamento bem amplo de preços referente ao material de que você vai precisar. Provavelmente vai ficar muito mais barato se você comprar no atacado. Procure as empresas que elaboram material de mala direta, mas não se esqueça de seus fornecedores e das gráficas locais. Você talvez consiga fazer um negócio com eles que inclua tudo de que necessita – papel, envelopes e fotolitos, embalagem e impressão.

Procure várias gráficas – os preços variam enormemente e tome cuidado com o prazo de entrega, "despesas ocultas" com emendas e acréscimos, taxas de frete, qualidade dos papéis usados e

Mala direta – o que você deve e não deve fazer

assim por diante. Se for a sua primeira vez, comece em pequena escala, mas lembre-se de que os custos unitários de impressão caem drasticamente com o aumento do volume.

Orçamento: verifique se não está se esquecendo de nenhuma despesa. Você vai ter de cobrir os custos de:

- compra ou pesquisa de listas de endereços
- projeto gráfico e impressão de mala direta (com inclusão de todos os materiais usados)
- postagem e embalagem – pese algumas unidades para poder calcular os custos de sua mala direta
- uso de uma máquina de franquear, se pretende enviar muitas unidades diariamente
- tempo necessário para dar início à campanha e trabalhar em sua manutenção
- ajuda extra que você talvez precise para endereçamento, postagem, embalagem, seleção e assim por diante.

Antes de embarcar na mala direta, você deve se fazer algumas perguntas importantes:

> **AÇÃO!**
>
> O que você pretende com o uso da mala direta? Pense em termos mensuráveis:
> - o número de respostas e pedidos de informações
> - o número de propostas promissoras
> - vendas diretas
> - acréscimos à sua lista de endereços

Depois de estabelecer e descobrir os custos de seus objetivos de curto prazo, pense também a respeito do médio e do longo prazo. Para onde, por exemplo, a mala direta pode levá-lo em um, três ou cinco anos?

Listas de endereços

Você não tem condições de usar a mala direta a menos que tenha um destinatário – e você precisa chegar à pessoa certa.

Sucesso no marketing

"Segundo nossa experiência, não adianta mandar sua mala direta para "O Diretor-Executivo" ou para "O Encarregado das Compras". É provável que ela vá direto para a lata de lixo."

Jill Lewis

Assim sendo, onde você consegue uma lista de endereços que funcione? A forma mais barata (e muitas vezes a melhor, se você tiver tempo e empenho) é construir a sua própria. Comece com as pessoas que você conhece – os clientes que já tem (mantenha informações abrangentes e atualizadas sobre eles).

> **E VOCÊ?**
>
> Você mantém dados sobre bons clientes num arquivo ou num banco de dados de seu computador? Essas informações são regular e sistematicamente atualizadas? Deveriam ser.

Tente também contatos ocasionais, amigos e amigos de amigos. As listas de endereços criadas por uma empresa têm muito mais probabilidade de gerar boas vendas do que aquelas compradas prontas.

Explore as fontes gratuitas de informações a respeito de endereços. Entre elas temos as páginas comerciais do catálogo telefônico, as Páginas Amarelas, as 1.000 companhias mais importantes (pesquise na seção comercial de sua biblioteca local), listas de participantes de associações comerciais (muitas vezes com fácil acesso por um preço muito barato), membros de câmaras locais de comércio, clubes comerciais, associações de empresas, institutos e federações, etc.

> **AÇÃO!**
>
> Depois que tiver os endereços, consiga o nome de algumas das pessoas que tomam decisões. O telefone é muito útil nesse caso e, em geral, as empresas se prestam a fornecer detalhes de que você precisa a respeito das pessoas (veja a seção sobre telemarketing para obter mais informações a esse respeito).

Se você não dispõe de recursos para construir sua própria lista de endereços, considere a possibilidade de alugar ou comprar de uma empresa comercial especializada. Elas podem lhe oferecer nomes e endereços para contatos. Existem revistas especializadas onde os fornecedores de listas de endereços põem anúncios.

> **DICAS**
>
> Aqui estão algumas dicas para a compra de listas de endereços úteis:
> - Sempre compre listas de empresas que têm boa reputação – de preferência aquelas que pertencem a uma associação comercial.
> - Antes de comprar, certifique-se de que se trata de uma lista acurada e atualizada. Pergunte que tipo de compensação você tem se ela não for o que você pensa que é. Peça uma amostra para poder testar a precisão dos detalhes.
> - Antes de imprimir qualquer lista de endereço nas etiquetas, examine-a para ter certeza de que é isso o que você quer e que não há erros óbvios, duplicações ou endereços irrelevantes.

"O erro mais comum é um nome aparecer várias vezes – primeiro na íntegra, depois com uma inicial e em seguida com duas. Sei por experiência própria o quanto pode ser irritante receber a mesma mala direta quatro ou cinco vezes."

Jill Lewis

Atualize constantemente as listas. As pessoas mudam muito, cheque as listas a cada três meses mais ou menos. E também não deixe de manter arquivos relativos a toda a correspondência enviada e informações que receber. Existem muitos programas de computador excelentes que podem ajudá-lo a acompanhar os dados relativos aos clientes.

É importante estar a par da legislação sobre divulgação de dados.

> **DICAS**
>
> Como tirar o máximo proveito da mala direta
>
> 1. Planeje com o maior cuidado o que você quer mandar – acrescente cartas-resposta, cupons e outros métodos que incentivem os clientes a responder (mesmo que seja para dizer "não"). Use os serviços de um artista gráfico profissional para conseguir algo que realmente chame a atenção.
> 2. Sempre que possível, inclua uma carta personalizada com o nome do cliente. Sempre dirija sua mensagem às pessoas que tomam decisões.
> 3. Comece a fazer uma coleção das malas diretas enviadas pelos concorrentes – aprenda com eles e pense em formas de aperfeiçoá-las.
> 4. Os custos da mala direta podem subir rapidamente; por isso faça um orçamento detalhado que englobe todos os aspectos relativos a ela.
> 5. Faça um plano de campanha meticuloso: Quem é o seu alvo? O que você está oferecendo? Teste sua mala direta com os amigos e com uma amostra de seus clientes.
> 6. Faça a sua própria lista de endereços – parta das coisas e pessoas que você já conhece, e de sua própria pesquisa. A forma mais simples que existe de fazer a sua lista é introduzir nomes e endereços de clientes potenciais (ou que já existem) num programa de mala direta que vêm com a maioria dos programas de edição de textos. Os endereços podem ser acoplados a um modelo de carta ou documento. É muito fácil depois que você pega o jeito.
> 7. Se você tiver clientes industriais ou comerciais, passe pelo menos uma hora na biblioteca comercial, consultando anuários, revistas e catálogos telefônicos. Assim é possível construir rapidamente uma lista de endereços relevantes (onde constarão ao menos os nomes e endereços das empresas).
> 8. Compre as listas comerciais de endereços sempre que possível e peça uma amostra para verificar sua precisão.
> 9. Cheque as listas antes de usá-las e sempre reserve algum tempo para sua atualização.

Capítulo 7 — Aposte no Telemarketing

O que há neste capítulo para você
- *Cinco boas razões para vender por telefone*
- *Como marcar uma entrevista*
- *O que dizer e fazer*

"Já tentei todos os tipos possíveis de marketing e ouça bem o que estou dizendo: o telemarketing é, sem sombra de dúvida, a forma mais eficiente e rápida. Em minha empresa, ela é muito mais eficiente do que a mala direta ou outras formas de marketing."

Mike Ramsay, Direct Marketing Concepts

Cinco boas razões para vender por telefone

Fazer marketing de seu produto por telefone pode ser uma maneira muito eficiente de obter resultados. Segundo Mike a proporção de respostas é muito maior do que com a mala direta ou outras formas de marketing.

AÇÃO!

Examine os cinco principais pontos fortes do telemarketing:
- ❏ Primeiro, você chega direto à pessoa que toma as decisões. A maior parte da correspondência escrita é filtrada pelas secretárias e assistentes das empresas, e por secretárias particulares. O uso do telefone ajuda você a passar pelos "porteiros".
- ❏ Segundo, é um meio de mão dupla – você pode avaliar a reação a seu produto a partir do tom de voz e teor das respostas do outro. Você também pode conversar com a recepcionista e a telefonista das empresas para obter mais informações sobre a pessoa com quem tem de falar, sua posição, influência, etc.
- ❏ Terceiro, o telefone é um meio de comunicação poderoso – bem usado, costuma ser muito persuasivo. Você pode lançar mão de todos os seus talentos de vendedor.
- ❏ Quarto, você pode vencer objeções e ir em frente, rumo a seus alvos (quem sabe uma entrevista ou uma venda).
- ❏ Quinto, você estabelece uma relação e descobre o que o/a cliente está pensando, o que está querendo de você.

Sucesso no marketing

"*Outro dia recebi um telefonema de uma pessoa de telemarketing que começava a conversa assim: 'Acho que você não quer saber nada a respeito de nosso produto, mas...' É um convite para você desligar o telefone na mesma hora. Você tem de ser mais positivo.*"

Mike Ramsay

Um toque de confiança

> **E VOCÊ?**
> Qual o grau de confiança que você transmite pelo telefone? Que impressão lhe deram os chamados de televendas?

O telemarketing tem exatamente a mesma eficiência da pessoa que o faz. Nem todos se sentem confiantes ao usar o telefone – alguns ficam com a língua presa, nervosos, dão a impressão de ser pouco convincentes ou de estar pedindo desculpas. As pessoas contratadas para fazer telemarketing costumam ser jovens e inexperientes; além disso, só recebem um roteiro para ler, sem nenhum tipo de treinamento.

"*Sempre que ouço aquelas vozes imaturas que soam como se fossem de robôs, digo: 'Estou ocupadíssima, mas vou anotar o seu número e depois ligo para você', e desligo na hora.*"

Carol Jenkins, secretária particular

A reação de Carol parece familiar? Aqui estão algumas dicas de profissionais:

> **DICAS**
> Algumas maneiras fáceis de melhorar seu desempenho no telemarketing:
> - ❏ O marketing é a alma do negócio. Sempre que possível, peça a alguém experiente para fazer a chamada. Quem telefona precisa ter o peso de toda a empresa por trás.
> O que lhe daria uma impressão melhor: "Alô, estou ligando em nome da ABC Supplies, que está começando sua venda anual" ou "Bom dia, sou Sheila Lee, gerente de marketing da ABC Supplies..."?
> - ❏ Apresente-se usando seu nome e cargo e destaque o nome e o cargo do cliente. Se for apropriado, procure estabelecer uma relação usando o primeiro nome da pessoa assim que possível.

- ❏ Procure ficar de pé ao fazer o telefonema para ajudá-lo a se sentir importante e no controle da situação.
- ❏ Imagine que está fazendo um telefonema pessoal para o cliente. É importante perceber que isso faz parte da atenção com o cliente, – não é uma chamada qualquer.
- ❏ Use notas, mas nunca as pregue em um roteiro pronto. As notas só devem ser usadas como lembretes.
- ❏ A maioria das pessoas reage bem a um toque de humor e a uma voz bonita, amável e confiante. Peça a seus colegas para avaliar seu desempenho ao telefone (ele pode não ser o que você acha que é) e procure melhorar todos os seus pontos fracos. Procure eliminar o excesso de pausas, ou "hums" e "aahs". Você acredita em seu produto – sua voz tem de mostrar isso!

DICAS

Como marcar uma entrevista

Você pode usar o telefone para fazer uma venda, mas é provável que ele seja mais eficiente como um meio de conseguir se encontrar pessoalmente com seu cliente em potencial.

"Depois de marcar uma entrevista por telefone, é praticamente certo eu fechar uma venda."

Diane Lipple, gerente de vendas de uma companhia de pisos e assoalhos

Se sua meta é conseguir um encontro, você tem de trabalhar nesse sentido – não comece seu telefonema dizendo: "Alô, posso visitá-lo para mostrar nosso produto?". A resposta provavelmente será curta e desanimadora. Aqui estão algumas regras de ouro dos especialistas.

DICAS

Como conseguir uma entrevista:
- ❏ Estabeleça uma relação inicial com o cliente com uma apresentação educada e amável.
- ❏ Comece com uma visão geral do produto e seus benefícios e pergunte se aquela é a melhor hora para conversar a respeito. Se não for, descubra um momento em que o cliente possa conversar com você por telefone. Marque na sua agenda para ligar naquela hora – e não se atrase.

- ❏ Depois que você conseguiu a atenção do cliente, volte-se para sua meta – a entrevista. Não gaste mais de cinco minutos falando sobre as vantagens do produto e por que seria bom para o cliente encontrar-se pessoalmente com você.
- ❏ Esteja preparado para objeções do tipo:
"Acho que isso realmente não serve para nós" – você reage com, "Certo, posso mandar alguns folhetos e discutir com você num outro momento?". O importante aqui é manter as linhas de comunicação abertas.
"Não estou em condições de tomar uma decisão agora". Você pode perguntar: "Quem é a pessoa que toma as decisões com quem eu poderia conversar? E qual a melhor hora de ligar outra vez?"
"Não estou convencido". Você pode responder: "Olha, se for melhor, posso lhe mostrar o que temos a oferecer; podemos marcar uma hora para nos encontrarmos?".

DICAS

Se a resposta do cliente for "Não" e você terminar desligando o telefone, trabalhe no sentido de aperfeiçoar seu talento para vendas. Você sempre deve estar preparado para vencer uma objeção (ou interpretá-la). Sua tarefa enquanto vendedor é ouvir e descobrir formas de superar as objeções.

Sempre termine uma conversa amigavelmente. Não só por ser o certo, mas também porque pode ajudar em contatos futuros.

O que dizer e fazer

O telemarketing não tem nenhuma regra rígida. O principal é saber o que você quer de cada chamada – quais são seus objetivos? Como já disse, o importante é ter um jeito agradável e fluente no telefone. Isso se aplica especialmente quando conversar com os porteiros.

"Sempre gosto de estabelecer uma relação com a recepcionista ou secretária – a primeira pessoa com quem você provavelmente vai falar pelo telefone. Não diga apenas, 'Bom dia, quero falar com o sr. Brown, por favor'. É muito melhor investir alguns segundos fazendo um contato simplesmente humano. "Bom dia, que frio, não? Meu nome é Di Lipple,

gerente de vendas da ABC. Será que você poderia me ajudar? Ótimo! Preciso falar com seu departamento de compras. A quem eu devo procurar? Pode me passar para ele? Muito obrigada."

Diane Lipple

Uma palavrinha sobre o fax e a Internet

Não há dúvida de que a tecnologia moderna está começando a revolucionar a maneira de todos fazermos negócios. Faxes e principalmente e-mails podem ser mandados rapidamente e a preços baixíssimos para qualquer lugar do mundo. Mas há problemas aos quais você deve prestar atenção:

- Os clientes não gostam de receber faxes ou e-mails que não solicitaram e que consome o tempo de que dispõem para a comunicação.
- Faxes e e-mails não solicitados já ganharam má fama.
- Você não sabe quem lê os faxes e e-mails.
- A qualidade do fax recebido pode não ser tão boa quanto você gostaria que fosse.
- Os faxes e e-mails nem sempre têm a prioridade concedida à correspondência "de tartaruga", que ainda costuma receber mais atenção.

DICAS

O fax e o e-mail são muito úteis quando:
- ❏ O cliente pediu informações e precisa delas imediatamente.
- ❏ Você precisa enviar um documento longo ou que contenha gráficos e/ou fotografias (o e-mail é especialmente útil nesse caso).
- ❏ Você precisa de apoio para sua documentação ou ligação de telemarketing.

A Internet também pode ser usada para alojar suas páginas. Elas podem ser acessadas por qualquer pessoa do mundo (desde que consigam seu endereço na Internet). Essas páginas da rede podem ter um belo projeto gráfico, usando muita cor e diagramas – e até com som e animação. Você também pode incorporar comandos de respostas (via e-mail) e até acrescentar formulários de encomenda de produtos usando um número de cartão de crédito. Dessa forma, a Internet pode ser usada para vendas diretas – uma espécie de reembolso postal instantâneo.

> **AÇÃO!**
> Reveja sua capacidade de usar fax, e-mail e páginas da Internet. A criação da página não precisa ser muito cara.

Bem usadas, suas linhas telefônicas podem se revelar uma ferramenta de marketing imensamente eficiente.

> **DICAS**
> Faça seu telefone render ao máximo
> 1. Fale com autoridade, mas procure fazer amizade com a equipe da recepção e as secretárias (elas são porteiros vitais no caminho até seus clientes).
> 2. Comece de forma amável, afetiva e assertiva – e vá rapidamente ao que interessa.
> 3. Tenha um bloco de rascunho ou o computador ao alcance da mão, para poder tomar notas do que o cliente diz, ou qualquer outra informação de contato que você vislumbre.
> 4. Lembre-se de que telemarketing é vendas – use seus talentos para a venda da melhor forma que puder. Isso significa ouvir, tanto quanto falar. Descubra as necessidades de seu cliente e esteja preparado para satisfazê-las. Esteja preparado também para vencer objeções.
> 5. Estabeleça seus objetivos com clareza antes do telefonema – eles podem ser: mandar literatura, marcar uma entrevista, enviar amostras, etc.
> 6. Sorria ao falar, ajuda realmente a fazer sua voz soar mais relaxada e genuína.
> 7. Envolva o cliente o tempo todo. Evite dominar a conversa pelo telefone. É mais importante ouvir seu cliente do que falar com ele.
> 8. Faça montes de perguntas para descobrir os interesses de seu cliente (e a possibilidade de ele comprar seu produto).
> 9. Seja ousado – se quer uma venda, vá direto; se quer uma entrevista, marque-a.
> 10. Sempre termine a chamada com um obrigado e até logo. Se o cliente mostrar qualquer tipo de perspectiva futura, mantenha aberta a possibilidade de voltar a ligar num outro dia.

Se você usar todas as dicas e técnicas apresentadas neste livro, vai estar bem encaminhado no sentido de se tornar um profissional de marketing nota dez.